바다 쓰레기, 지구가 아파요!

바다 쓰레기, 지구가 아파요!

초판 인쇄 2022년 7월 1일　**초판 발행** 2022년 7월 20일
지은이 데이비드 웨스트 · 올리버 웨스트　**옮긴이** 이종원
펴낸곳 지구별어린이　**펴낸이** 진영희　**출판등록** 2005년 8월 4일
주소 10403 경기도 고양시 일산동구 백마로 223, 630호
전화번호 031-905-9435　**팩스** 031-907-9438
전자우편 touchart@naver.com　**ISBN** 979-11-87936-50-3 77450

* 지구별어린이는 터치아트의 어린이책 브랜드입니다.

WHAT ON EARTH IS?: HAPPENING TO OUR OCEANS?
Copyright © 2022 by David West Children's Books
All rights reserved.
This Korean edition was published by TouchArt Publishing Co., Ltd. in 2022 by arrangement with
DAVID WEST CHILDREN'S BOOKS through KCC(Korea Copyright Center Inc.), Seoul.

이 책은 (주)한국저작권센터(KCC)를 통한 저작권자와의 독점계약으로 (주)터치아트에서 출간되었습니다.
저작권법에 의해 한국 내에서 보호를 받는 저작물이므로 무단전재와 복제를 금합니다.

* KC마크는 이 제품이 공통안전기준에 적합함을 의미합니다.

KC	**모델명**: 바다 쓰레기, 지구가 아파요!　**제조년월**: 2022. 7.20　**제조자명**: 지구별어린이
	제조국: 대한민국　**주소**: 경기도 고양시 일산동구 백마로 223, 630호　**전화번호**: 031-905-9435

바다 쓰레기,
지구가 아파요!

데이비드 웨스트 · 올리버 웨스트 지음 | 이종원 옮김

지구별어린이

지은이 데이비드 웨스트

대학에서 그래픽 디자인을 공부하고 35년 넘게 어린이책을 만들고 있습니다.
어린이들의 호기심을 채워 주는 과학, 자연, 역사 등 다양한 분야의 논픽션 그림책을 만듭니다.
그가 쓴 책들은 영국, 미국을 비롯해 전 세계의 주요 어린이 추천 도서 목록에 선정되었습니다.
우리나라에 소개된 책으로《기후 위기, 지구가 아파요!》,《환경 오염, 지구가 아파요!》,
《공장식 농장, 지구가 아파요!》 등이 있습니다. 현재 런던에 살고 있습니다.

지은이 올리버 웨스트

대학에서 3차원 컴퓨터 애니메이션을 공부하고 출판 분야에서 10년 넘게 일했습니다.
과학, 우주, 환경, 역사 등 다양한 분야의 책을 쓰고 디자인합니다.
현재 런던에 살고 있습니다.

옮긴이 이종원

1989년 서울 출생. 미국 워싱턴대학교(University of Washington)에서 미술사를 전공,
현대미술과 뉴미디어를 공부했습니다. 현재는 그림책 번역과 다양한 분야의 영상 제작을
하고 있습니다. 옮긴 책으로《안녕, 물!》,《옆집엔 누가 살까?》,《사라져 가는 동물 친구들 늑대》,
《환경 오염, 지구가 아파요!》,《공장식 농장, 지구가 아파요!》 등이 있습니다.

차례

지구 표면의 71%는 물 · 6   다섯 개의 큰 바다 · 7

기후 조절 · 8   바다 오염 물질 · 10

플라스틱과 거대 쓰레기 섬 · 12   미세 플라스틱 · 14

바다 생물들이 플라스틱을 먹어요 · 16

기후 변화와 수온 상승 · 18   산호가 죽어요 · 20

바닷속 산소가 부족해요 · 22

지구 온난화 · 23   대륙 대순환 해류 · 24

물고기 남획과 바다 생태계 · 26   대형 원양 어선 · 28

고래와 돌고래도 위험해요 · 30

바다에 물고기가 없어요 · 31

바다 환경 문제를 해결하려면 · 32

용어 설명(본문 중 *표가 있는 낱말) · 33

우리가 살고 있는 **지구**에는 물이 정말 많아요.

북아메리카

태평양

오세아니아

남극 대륙

지구 표면의 **71%**가 **물**로 덮여 있어요.

지구에는 **다섯 개의 큰 바다**가 있는데
인간이 살아가는 데
매우 중요한 역할을 해요.

지구 생물의 **90%** 이상이 바다에 살아요.

바다는 지구의 **기후**를 **조절**해요.
대기 중의 열을 흡수하고,
전 세계 산소의 **70%**를 생산해요.

바닷속 식물성 플랑크톤은
이산화 탄소를 흡수하고 산소를 만들어요.

그런데 **바다**가 심각하게 **오염**되고 있어요.
바다 오염에 가장 큰 영향을 끼치는 것은
바로 **인간의 활동**이에요.

바다 오염 물질의 **80%**는 육지에서 인간에 의해 발생해
하수구와 강을 통해 바다로 흘러들어 가요.

화학 비료와 독성이 강한 중금속,
정화 처리를 하지 않은 하수 등
오염 물질이 바다로 흘러들어 가면…

석탄 화력 발전소, 광산 폐기물에서 나오는 수은과 같은 중금속이 물고기 몸속에 쌓이고, 물고기를 먹은 인간도 병들어요.

물고기가 수은에 중독되고…

산호가 죽고…

정화하지 않은 하수에서 생긴 세균과 박테리아가 산호를 위험에 빠뜨립니다.
하수 찌꺼기는 해조류 성장에 필요한 풍부한 영양분이 되고, 빠르게 번식한 해조류가 산호를 뒤덮어 죽게 만들어요.

죽음의 바다가 생기는 원인이 돼요.

화학 비료가 강을 따라 바다로 흘러들어 가면 녹조가 대량으로 번식해 주변의 산소를 모두 사용해 버려요. 그렇게 되면 바다는 다른 생명체가 살 수 없는 죽음의 바다로 변해 버려요.

바다를 오염시키는 물질 중에서
가장 위험한 것은
우리가 매일 사용하는
플라스틱이에요.

매년 전 세계 바다에 버려지는 쓰레기양은 해안을 한 발짝 걸을 때마다
꽉 찬 쓰레기봉투 5개가 쌓여 있는 정도의 양이라고 해요.

쓰레기 더미가 해류에 밀려와
태평양 바다 한가운데에
거대 쓰레기 섬이 생겨났어요.

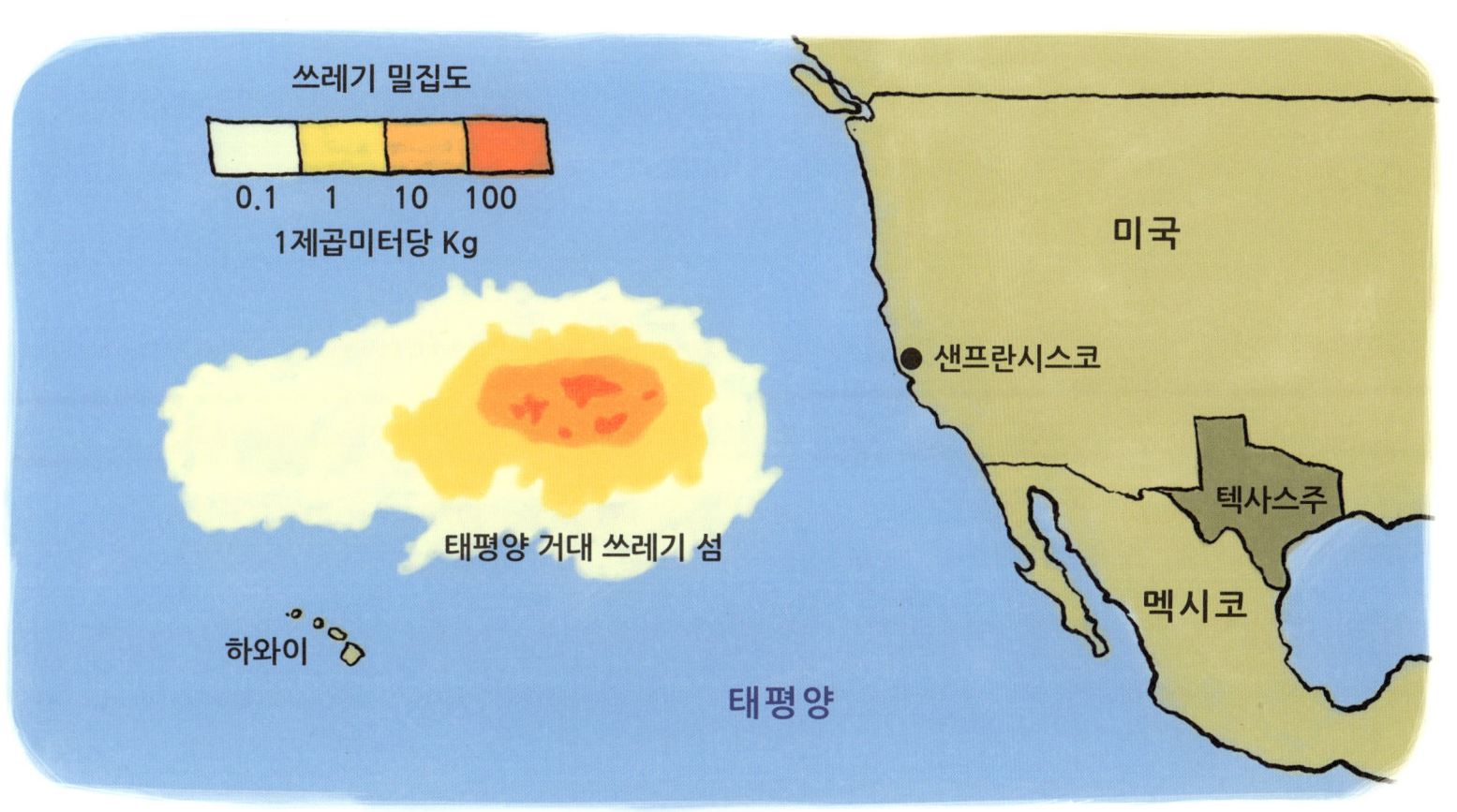

태평양 거대 쓰레기 섬의 크기는 대한민국 면적의 무려 15배,
미국 텍사스주 면적의 2배 정도 된다고 해요.

바다에 떠다니는 **플라스틱**은
거친 파도와 **태양열**에 의해 잘게 쪼개져요.
이것을 **미세 플라스틱**이라고 해요.

먹이 사슬[*] 맨 앞에 있는 작은 바다 생물들이 잘게 쪼개진 **미세 플라스틱**을 먹어요.

이 먹이 사슬은 아주 작은 바다 생물이 먹은 미세 플라스틱을 점점 더 큰 바다 생물들을 통해 우리 인간이 먹게 되는 과정을 보여 줍니다.

바다 생물들이 큰 조각의 플라스틱을 먹이로 잘못 알고 먹기도 해요.

죽은 고래의 위장에서 100kg이 넘는 플라스틱이 나온 일도 있어요.

죽은 고래의 위장에서 플라스틱 컵 115개, 플라스틱 가방 25개, 플라스틱 물통 4개, 플라스틱 샌들 2개, 크고 작은 플라스틱 조각 1,000여 개가 나왔어요.

바닷새도 플라스틱 조각을 먹이로 잘못 알고 새끼에게 먹여 새끼가 죽기도 합니다.

바다거북은 비닐봉지가 해파리인 줄 알고 먹기도 해요.

바닷새와 돌고래, 물개 들이 바다에 버려진 낡은 그물에 몸이 감겨 죽어 가요.

2050년이 되면 **바다**에 **물고기**보다 **플라스틱**이 더 많아진다고 해요.

기후 변화 역시 바다에 큰 영향을 미쳐요.
인간의 활동으로 배출하는
이산화 탄소 양은 엄청나게 많아요.

이산화 탄소는 대기 중에 열을 가두어 놓아요.

빠져나가지 못한 열은 온실 효과를 만들어 지구 온도를 올려요.

바닷물의 **산성화**는 모든 바다 생물에게 매우 나쁜 영향을 끼쳐요.

바닷물에 녹아 있는 탄산 칼슘* 성분은
굴이나 조개, 성게, 플랑크톤 등이 껍데기를
만들거나 산호가 뼈대를 만들 때
필요한 성분이에요.

바닷물이 산성화되면
탄산 칼슘* 농도가 낮아져 갑각류가
껍데기를 만들지 못하고
산호가 자랄 수 없게 됩니다.

건강한 산호는 작은 해조류들과 함께 살아가며 그들을 먹이로 먹어요.

바닷물 온도가 올라가고 산성화되면 작은 해조류가 병들어 산호가 먹을 수 없게 됩니다.

산호는 점점 하얗게 변하다가 결국 죽어서 검게 변해 버립니다.

산호가 하얗게 변해 죽으면 산호초에 알을 낳고 새끼를 키우는 바다 생물들은 집을 잃게 되지요.

바닷물 온도가 올라가면 물에 녹아 있던 산소가 쉽게 대기로 빠져나가 바닷속 산소가 줄어들어요.

바닷속 산소가 줄어들면 바다 생태계*의 균형이 깨져요. 산소가 많이 필요한
참치나 청새치, 황새치, 상어처럼 몸집이 큰 바다 생물이 특히 영향을 많이 받아요.

지구 온난화로 인해 **만년설**과
극지방 **빙하**가 녹기 시작했어요.
눈과 얼음이 녹으면 **바닷물 높이**가
올라가게 되지요.

해안가에 살고 있는 사람들은 집을 잃게 될 수도 있어요.

23

전 세계 바다를 흘러 다니는
대륙 대순환 해류[*]도
지구 기후에 큰 영향을 미쳐요.

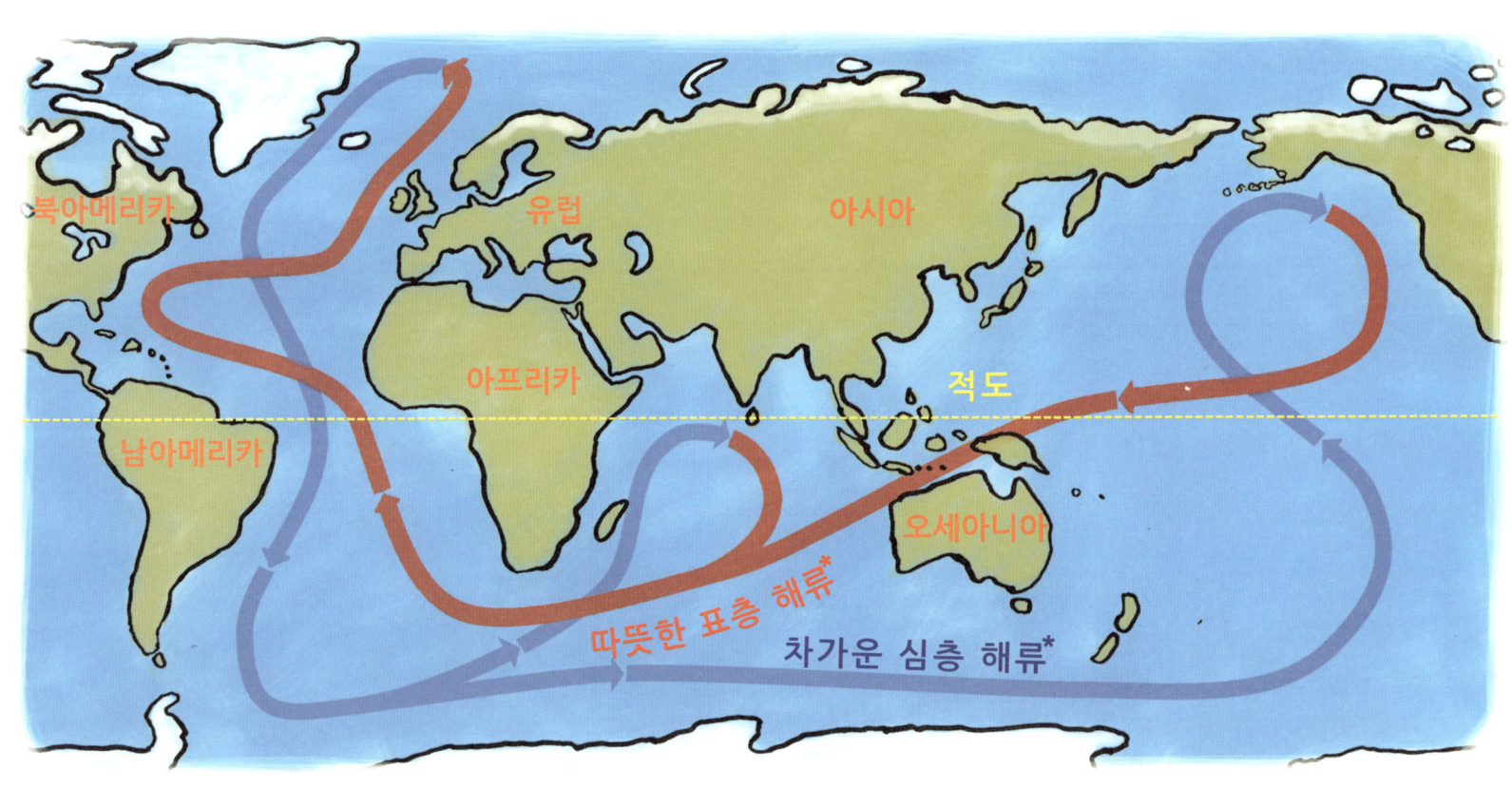

빙하가 녹은 민물과 따뜻해진 수온 때문에
바닷물의 **소금 농도**가 옅어져요.

소금 농도가 옅어지면
대륙 대순환 해류의 속도가 느려지고
지구 **기후**에 **변화**가 생겨요.

물고기 남획은 바다 환경을 심각하게 위협해요.

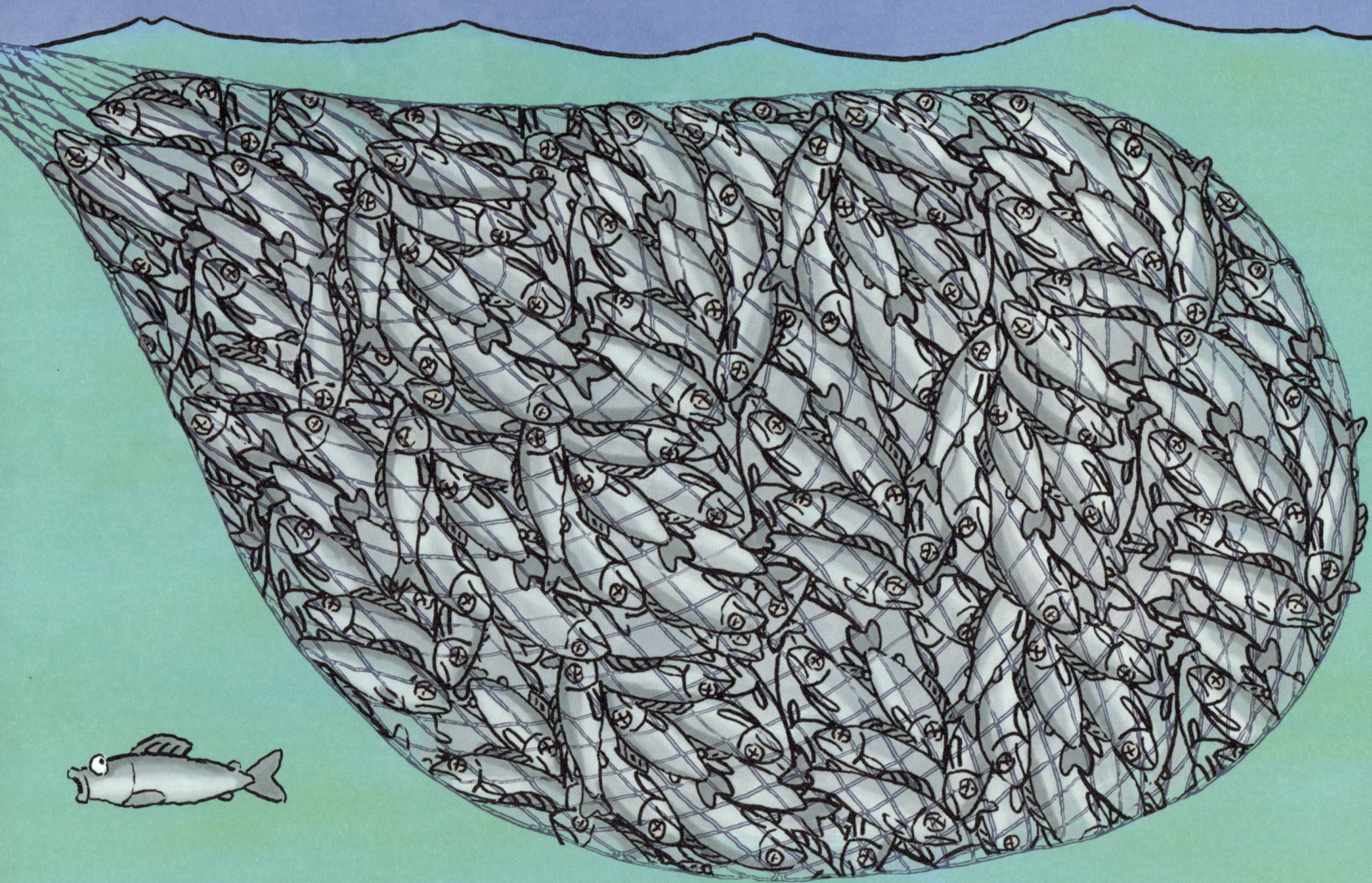

물고기 남획은 물고기 수가 회복될 수 없을 정도로
한꺼번에 너무 많이 잡는 것을 뜻해요.

전 세계 약 12억 명 이상의 사람들이
몸에 필요한 단백질을 물고기에서 얻어요.

물고기 남획은 **바다 생태계**를 **파괴**하고,
물고기를 식량으로 살아가는 사람들을
위험에 빠뜨려요.

대형 원양 어선들은 물고기 종류를 가리지 않고 한꺼번에 잡아 올려 필요한 것만 골라내고…

나머지는 버리는 경우가 많아요.

1Kg의 새우를 얻기 위해 함께 잡힌 6Kg에서 30Kg에 이르는 물고기들을 그냥 버리기도 한대요.

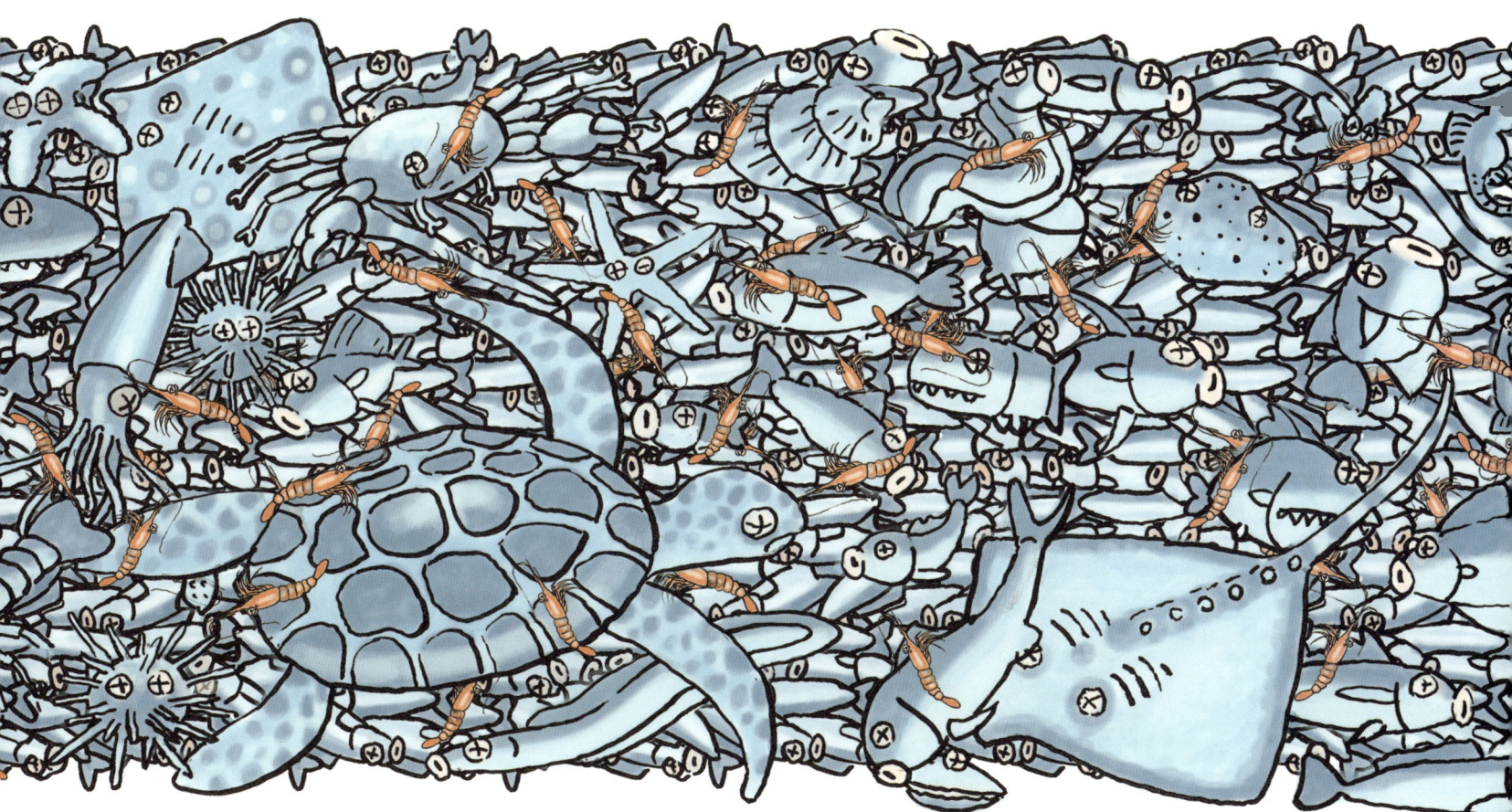

그물에 함께 걸려 올라온 필요 없는 물고기를 '부수 어획물'이라고 부르는데
잡은 물고기의 80%에서 90%가 부수 어획물이라고 해요.

바다에 사는 **거대한 포유동물**들도
대형 어선들 때문에
위험에 처해 있어요.

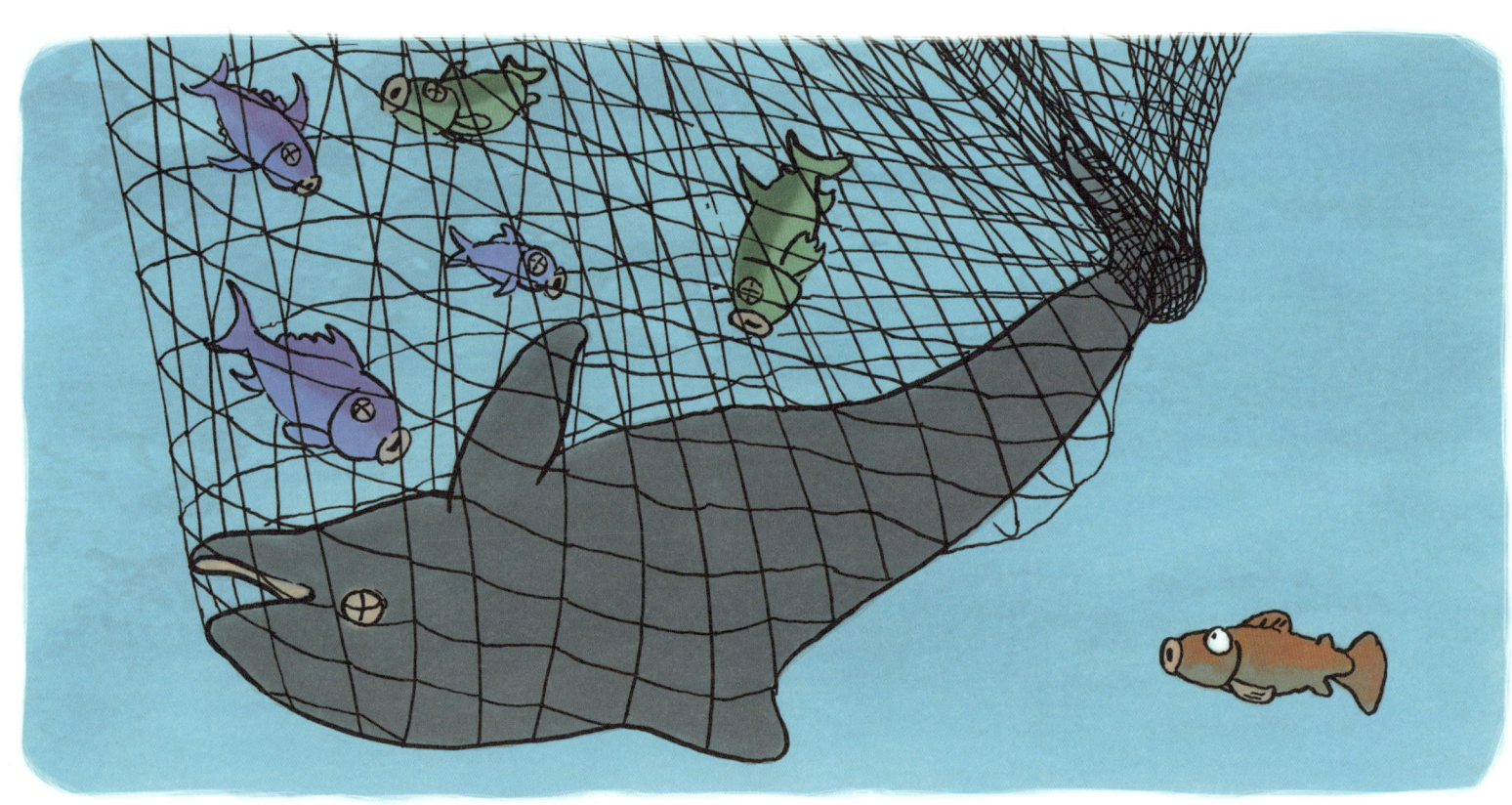

해마다 약 30만 마리의 고래와 돌고래가 그물에 걸려 죽는다고 해요.

지난 **70년** 동안
바다에 살고 있는 **물고기 수**가
90% 정도나 줄었다고 해요.

우리 모두 조금씩 노력하면 **바다 환경 문제**를 함께 해결해 나갈 수 있어요.

일부 나라에서는 물고기 잡는 것을 제한하는 어업권*을 만들어 바다 생물들을 보호하고 있어요. 우리는 환경에 영향을 주지 않는, 지속 가능한 해산물을 먹는 것으로 힘을 보탤 수 있어요.

재사용할 수 있는 플라스틱, 친환경 포장재를 사용하면 바다에 끼치는 나쁜 영향을 줄일 수 있어요.

가까운 거리는 자동차 대신 자전거를 타거나 걸어가면 탄소 발자국*을 줄일 수 있어요. 이산화 탄소 발생을 줄이면 바다 산성화를 막는 데 도움이 돼요.

용어 설명

광산 폐기물 석탄 같은 광물을 캐내는 광산에서 나오는 광물 찌꺼기와 독성 물질.

기후 일정한 지역에서 30년 이상 나타난 평균적인 날씨 상태.

녹조 강이나 하천이 오염되었을 때 녹색 조류가 대량으로 번식해 물빛이 녹색이 되는 현상.

농도 두 가지 이상의 물질이 섞인 액체의 진함과 묽음의 정도.

대륙 대순환 해류 바닷물이 소금의 농도, 수온 차이, 대기의 순환에 의해 전 세계 대양을 규칙적으로 흘러 다니는 현상.

만년설 극지방이나 높은 산지에 녹지 않고 항상 쌓여 있는 눈.

먹이 사슬 생태계에서 먹고 먹히는 생물 간의 관계.

박테리아 하나의 세포로 이루어진 작은 미생물. 음식을 발효시키거나 상하게 할 수 있고 죽은 동물을 분해하는 역할도 한다.

산성화 물이나 토양에 이산화 탄소가 증가해 산성으로 변하는 현상. 바닷물이 산성화되면 탄산 칼슘 농도가 낮아져 바다 생물이 껍데기를 만들 수 없다.

생태계 어떤 장소에 사는 생물이 다른 생물 및 주변 환경과 서로 영향을 주고받는 것.

수은 액체 상태로 존재하는 중금속 물질. 온도계나 기압계 등에 사용하고 인체에 무척 해롭다.

심층 해류 깊은 바닷속 바닷물의 흐름. 바닷물의 온도, 소금의 농도, 압력 등에 따른 바닷물의 밀도 차이 때문에 생긴다.

어업권 국가의 허락을 받아 물고기를 잡을 수 있는 권리.

온실 효과 이산화 탄소, 메탄 같은 기체가 온실의 유리처럼 대기를 감싸 열이 빠져나가지 못해 지구가 더워지는 현상.

원양 어선 먼바다에 나가서 물고기를 대량으로 잡기 쉽게 만든 크고 튼튼한 배.

이산화 탄소 화석 연료를 사용할 때 많이 나온다. 지구 온난화의 원인인 온실가스 중 하나다.

정화 처리 오염된 물을 강이나 바다로 흘려보내기 전에 깨끗하게 만드는 과정.

중금속 납, 수은, 카드뮴, 크롬, 아연, 니켈과 같은 무거운 금속. 적은 양이라도 환경을 오염시키며 인체에도 매우 해롭다.

탄산 칼슘 대리석, 석회석 등을 이루는 흰색의 고체 물질로 동물의 뼈, 조개껍데기, 산호 등의 주요 성분이다.

탄소 발자국 사람이 활동하거나 상품을 생산하고 소비하는 과정에서 발생하는 온실가스, 특히 이산화 탄소의 총량.

표층 해류 해수면 위로 부는 바람과 해수면 높이의 차이에 의해 생기는 바닷물의 일정한 흐름.

화력 발전소 석탄이나 석유, 천연가스 등을 사용하여 전기를 생산하는 시설.

화학 비료 농작물이 잘 자랄 수 있게 화학적으로 처리하여 만든 인공 물질.